AF190349

Susanne Dorendorff

Im Handstreich zur Handschrift
TIETUS - der Handschrift-Zauberer

Bibliografische Information der Deutschen Nationalbibliothek.
Die Deutsche Nationalbibliothek verzeichnet diese Publikation in der Deutschen Nationalbibliografie; detaillierte bibliografische Daten sind im Internet über http://dnb.de abrufbar

© Susanne Dorendorff, 2018
Handschrift der Gemischtantiqua: Susanne Dorendorff
Design und Layout: Susanne Dorendorff
Cover-Gestaltung und -Illustration: Susanne Dorendorff
Satzschrift: Arial
Herstellung und Verlag: BoD – Books on Demand, Norderstedt

ISBN 978-3-7481-0993-8

_____

Das Heft gehört

Um die **mühelose Beherrschung** der Schreibschrift-Buchstaben und den *Flow-Effekt des Schreibens* zu erlernen, gelten bestimmte Spielregeln.

→ die erste und **wichtigste Regel**: das **Erklären** des Konzeptes (Lehrverpflichtung), Beschreibung des Ablaufs (Weg) und was man davon hat, ihm zu folgen (Ziel)
→ dann folgt das Erlernen der richtigen **Stiftführung** mittels Stäbchenspiel
→ dem folgt das Verstehen der **B**uchstabenelemente *(a = c + i)* und deren Bezeichnungen
→ dem folgt das Erkennen der **sechs Typo-Gruppen**
→ dem folgt das Trainieren der spezifischen *Ineinander-übergehen*-**Technik des Schreibens** *mit der Hand* (für Links- und Rechtshänder gleich)

Das Alphabet liegt hier grundsätzlich in der üblichen Reihenfolge
von a bis z + ß + ä, ö, ü, sowie A bis Z + Ä, Ö, Ü zugrunde.
Das **Erlernen** erfolgt in **anderer Reihenfolge**.

Das Alphabet ist nicht mit Abbildungen (Anlautbildern A wie Apfel) versehen, weil Bilder vom Buchstaben ablenken und nicht immer den richtigen Laut repräsentieren.

Das Alphabet ist in 2 x 6 Gruppen eingeteilt:
      Kleinbuchstaben (Gemeine)
      eliuüt caäd jfgy pnmhk boörvwx sßzq
      Großbuchstaben (Versalien)
      CEOÖQG TFPBRD IJKH UÜYVW AÄNM ZLSX* 1234567890 + - = x :
*Das ß wird in der Schreibschrift nicht als Großbuchstabe angeboten,
weil kein Wort mit ß beginnt

Übungsblätter zum Kopieren, Vergrößern und Verkleinern
finden Sie hinten im Heft

Die Original-Übungsblätter im DIN-A4-Format
können hier heruntergeladen werden:

www.europhi.de/de/quadrate-linien

Hallo, ich bin ein Junge und heiße Tietus.

Von mir erfährst du, was schreiben ist, wie genial es ist, Buchstaben zu verbinden und was man davon hat.

Mein Name ist *Tie-tus* mit ie von *to tie* – das ist Englisch, bedeutet **verbinden** und wird auf Englisch *tei* oder *tai* ausgesprochen. Auf Deutsch sagt man aber *ti* oder *tie* – **ie** wird im Deutschen ja auch wie **i** ausgesprochen.

Damit ist schon mal klar, dass man niemals einfach so drauflosschreiben darf, einfach so, wie man spricht. Das darf man in keiner Sprache. Sonst ist alles voller Fehler. Ich sage das schon mal gleich am Anfang. Die Buchstaben, die ich hier zeige, sind nämlich für fast alle Weltsprachen zu gebrauchen, nicht nur für Deutsch.

Das ist absolut genial: 59 Buchstaben für mehrere Sprachen, und du brauchst nur einmal zu lernen, wie sie *geschrieben* werden. In anderen Sprachen werden sie unterschiedlich ausgesprochen, auf Englisch, Französisch, Spanisch usw. Und Lateinisch natürlich, denn es sind ja lateinische Buchstaben. Da muss man aufpassen.

Die lateinischen Schulschreibschrift-Buchstaben sind etwas Besonderes. Sie sind zum Verändern durch Kinderhände gemacht worden. Kinder sollen damit schreiben lernen und so ihre eigene Handschrift finden. Jeder Mensch hat seine eigene Handschrift, wie er eine eigene Stimme hat. Wenn du anfängst zu schreiben, achte darauf, dass du deine Handschrift magst, das ist ganz wichtig. Du musst es dir unbedingt merken. Für später.

Die Buchstaben, um die es hier geht, sind besonders, weil sie „beweglich" sind. Denn in dem Moment, indem man anfängt, sie zu schreiben, bewegt und verändert man sie.

Kein anderes lateinisches Alphabet ist zum Bewegen und Verändern gemacht. Nur das Schul-Abc mit dem man schreiben lernt. Es wird DEINE Schrift.

Jetzt stell dir mal vor, dein Füller ist ein Rennwagen, und du bist der Pilot, der ihn von oben steuert, die Bahnen, auf denen du fährst, sind im Schreibheft, die Streifen zwischen den Linien und die Linien selbst sind die Bande, also die gepolsterten Mauern, zwischen denen du fährst. Die darfst du zwar berühren. Aber du darfst nicht zickzack fahren, sonst krachst du dagegen und fliegst mit dem Kopf voraus in die Zuschauermenge.
So, und damit das nicht passiert und du auch nicht im Zickzack über die Buchstabenrennstrecke eierst, habe ich mir etwas ausgedacht.
Eine Methode, die dich so schreiben lässt, dass die Buchstaben unten rund sind und im Bogen auf die Linie treffen. Denn darauf kommt es an.
Du siehst dir jetzt erst einmal die Einzelbuchstaben des Alphabets an. Weil du damit aber nicht viel anfangen kannst – Wörter bestehen ja immer aus mehreren Buchstaben –, ist es wichtig, die Einzelbuchstaben in Verbindung mit anderen Buchstaben zu sehen und sie auch so zu schreiben, also immer in Paaren.

Diese Verbindungen musst du üben.

Am besten beginnst du mit den Buchstaben aus der Gruppe **e-l-i-u-ü-t**, weil sie die leichteren sind.

Schreibe sie so lange in Quadrate, bis du die Bewegung kannst und sie sich wie von allein schreiben.

Dann schreibst du auf Vierer-Linien und danach auf normalen Einzellinien ins Heft.

Weil alle Schüler unterschiedlich schnell lernen, kann man in einem Buch nicht schreiben: „Mach genau dies oder genau das." Deshalb empfehle ich, die Reihenfolge, die hier angegeben ist, auch für diejenigen, die sich schon einmal **allein** eine Schrift (Druckschrift, Vereinfachte Ausgangsschrift, Schulausgangsschrift oder Grundschrift) beibringen mussten. Denn diese Schreibtechnik ist etwas ganz anderes als Schönschreiben oder „drucken". Hier lernt man richtig *schreiben.*

Es gibt Schüler, die das Alphabet schon kennen, bevor sie hier anfangen, bei denen klappt das Verstehen der neuen Technik vielleicht schon über Nacht. Bei anderen dauert es sechs Wochen, aber die meisten schaffen es in vier. Länger sollte es nicht dauern. Also streng dich an (lach, grins)!

Wer als Anfänger ganz von vorn anfängt, hat es am besten, denn er kann sich Zeit lassen.

Natürlich muss man nicht alle 1.770 Verbindungen lernen. Du musst nur **verstehen**, dass die Schreibtechnik aus den **ineinander übergehenden Verbindungen** besteht. Die Verbindungen der Kleinbuchstaben mit „Oberleitung": b, o, ö, r, v, w, x, sind eine Herausforderung, weil die folgenden Buchstaben nicht auf der Grundlinie, sondern oben beginnen. Das muss man üben.

Als Arbeitsmaterial brauchst du die großen und kleinen Quadrate, einen kurzen, runden 2B-Bleistift und sonst nichts. Aber bitte: Nie radieren! Sondern immer gleich wieder neu anfangen.

Beherrschst du die Buchstaben e und l, kannst du sie auf den Linien schreiben, und zwar immer in wechselnder Reihenfolge: el, le, ell, lel, elel usw. Während die Buchstaben geschrieben werden, musst du sie beim Namen nennen, sie aussprechen. Das kannst du laut tun oder still vor dich hin. Laut ist aber besser als leise. Das Aussprechen hat einen guten Grund. Indem du den Laut des Buchstabens sagst und ihn gleichzeitig schreibst, verknüpft sich im Kopf die „Das-merk-ich-mir-Netzwerkleitung", *Synapsenverschaltung* nennt man das. Das heißt, du merkst dir das, was du da grad machst, leichter, als würdest du „schön schreiben" und dabei an „schön" denken. Wer will das wohl? Jungs jedenfalls nicht.

Kannst du e, l und i, schreibst du eli, eil, ilei und stellst fest, dass sich die Laute der Buchstaben verändern: aus e + i wird ei (wie das Hühnerei) und i + e bleibt i, wenn man es ausspricht, p + h wird plötzlich f gesprochen (aber nicht geschrieben). Sowas kann einen zum Wahnsinn treiben. Aber nicht dich! Du bist besser; du wirst schlauer sein als das Abc … Denn wegen dieser Buchstabenkungelei habe ich die „Ich-leg-das-

Abc-rein-Taktik" entwickelt, die dir hilft, die Wörterfallen zu umfahren, die das Schreiben dir stellt. Hier ist ein Satz voller Fallen:

Vase wird Wase wie Wasser, und Veilchen fallen viel weniger auf, wenn sie vor der Vase verwesen.

Am Klang kann man die Schreibweise jedenfalls nicht immer erkennen. Aber es hilft, wenn man sich alles genau ansieht und einprägt. Darum wird bei jeder **neuen** Buchstabengruppe die alte, die du schon kannst, mit hineingenommen. So können am Ende, wenn du die 30 Buchstaben beherrschst, schon ellenlange Wörter geschrieben werden.

autoreifenwaschanlagenverbindungsschlüsselmäßig

Das ist hochinteressant und kann sich sehr lustig anhören. Manche Quatschwörter sind aber auch noch anders lehrreich, weil sie die falsche Schreibweise aufdecken, die du dann richtig schreibst. *Fata* ist ja nicht *Vater*, klingt aber so ähnlich.

Das weißt du bald alles und kannst die Schreibfehler anderer Kinder sehen, weil **du** die *richtige* Reihenfolge kennst. Darum ist das **Buchstaben-durcheinander-Schreiben-und-laut-Mitlesen** ganz wichtig. Lachen ist erwünscht! Es muss aber immer ein Erwachsener neben dir sitzen und das alles mitmachen. Auch das Lachen.

Nach **eliuüt** kommt die Gruppe **caäd,** dann sind es schon zehn Buchstaben. Versuche auszurechnen, wie viele Zweier-, Dreier-, Vierer-, Fünfer-, Sechser-, Siebener-, Achter-, Neuner- und Zehner-Kombinationen die ergeben können. Du wirst Augen machen. Aber wirklich!

Wörter von hinten schreiben ist auch sehr lustig ehrlich – hcilrhe! oder: chilrhe –, wie man will.

Sollte es Erwachsene geben, die das unsinnig finden, dann sage ihnen, dass es hier um das richtige Erlernen der **Buchstaben** und das Vermeiden ihrer Fallen geht, „nicht um Ottogravie-hihi!" (Orthografie heißt auf Deutsch *Rechtschreibung*) – die lernst du, sobald du die Buchstaben beherrschst. Erst kommen die Buchstaben dran – dann die Wörter. Eines nach dem anderen. Buchstaben beherrscht man, wenn man sie „automatisch" schreiben kann, ohne über sie nachzudenken. Und das üben wir jetzt.

Regel Nr. 1:
Den Ablauf und das Ziel verstehen

(hier das Konzept im Überblick – die Einzelanleitung folgt weiter hinten)

Als Erstes **kopierst** du die Seiten mit den Quadraten und Linien oder druckst sie aus, damit du genug zur Verfügung hast. Kleiner Trick: Du kannst die Seiten im Copyshop laminieren lassen oder sie in eine glatte Klarsichthülle stecken. Dann kannst du mit einem abwischbaren Filzstift schreiben.

Du schreibst den Buchstaben, der dran ist, *zuerst einzeln* in die **großen Quadrate,** dann in die **kleinen.** Hast du beide Seiten mit dem Buchstaben ausgefüllt, hast du ihn

120 Mal geschrieben. Dann beherrschst du ihn. Wenn du vorher schon das Gefühl hast, dass du ihn beherrschst, kannst du anfangen, Buchstaben*paare* zu schreiben *(zum Beispiel ee, ll, ii oder ei, el und so weiter)*. Je eher du <u>ineinander übergehend</u> schreibst, desto besser.

Wenn du ganz sicher bist, dass du die Buchstabenpaare beherrschst, gehe auf die Linien (natürlich nicht mit den Füßen, nur mit dem Stift) und schreibe dort hinein. Du kannst die neuen Buchstaben mit denen, die du schon gelernt hast, kombinieren. Lass dir aber vorher erklären, wie sie klingen. Das Prinzip lautet also:

- Einzelbuchstabe aussprechen und in die Quadrate schreiben

- Buchstabenpaare bilden, aussprechen und in die Quadrate schreiben

- Buchstaben untereinander mischen, die Kombination aussprechen und auf die Linien schreiben

- Buchstaben untereinander mischen, Dreier-Kombinationen bilden, aussprechen und auf die Linien schreiben

- Je mehr Buchstaben beherrscht werden, desto mehr Kombinationen bilden, aussprechen und nach Klang- und Schreib-Fallen suchen, laut lesen, Fehler bestimmen und korrigiert aufschreiben

Das Dorendorff-TiETUS-Prinzip

Es werden vor allem Buchstaben und *Buchstaben in Kombination* erlernt (fast keine Wörter).

Man muss jeden Buchstaben aussprechen, in die Kästchen schreiben, dann kombinieren und dann geht's auf die Linie.

Aber nie allein arbeiten - immer gemeinsam mit einem Erwachsenen lernen.

24 Übungs-Quadrate (groß)

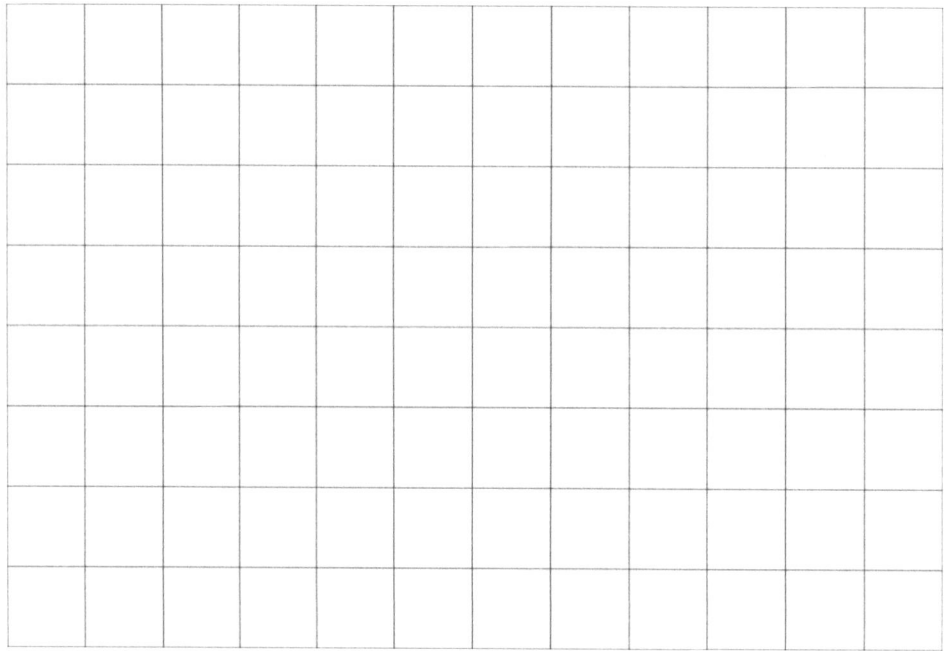

96 Übungs-Quadrate (klein)

Schreibbeispiel für die 24er-Quadrate

Schreibbeispiel für die 96er-Quadrate

4er-Übungslineatur für die richtige Proportion

Die Groß- und Kleinbuchstaben der lateinischen Schreibschrift

Regel Nr. 2:
Die Buchstaben, ihre Form, ihren Klang und ihre Verbindungen ansehen und verstehen

Es folgt das handschriftliche Dorendorff-Alphabet
in 1.770 Buchstabenpaaren von
aa-ab-ac bis *ßü*

aa	ab	ac	ad	ae	af	ag	ah	ai
aj	ak	al	am	an	ao	ap	aq	ar
as	at	au	av	aw	ax	ay	az	aß
aä	aö	aü				Aa	Ab	Ac
Ad	Ae	Af	Ag	Ah	Ai	Aj	Ak	Al
Am	An	Ao	Ap	Aq	Ar	As	At	Au
Av	Aw	Ax	Ay	Az	Aß	Aä	Aö	Aü

ba	bb	bc	bd	be	bf	bg	bh	bi
bj	bk	bl	bm	bn	bo	bp	bq	br
bs	bt	bu	bv	bw	bx	by	bz	bß
bä	bö	bü				Ba	Bb	Bc
Bd	Be	Bf	Bg	Bh	Bi	Bj	Bk	Bl
Bm	Bn	Bo	Bp	Bq	Br	Bs	Bt	Bu
Bv	Bw	Bx	By	Bz	Bß	Bä	Bö	Bü

ca	cb	cc	cd	ce	cf	cg	ch	ci
cj	ck	cl	cm	cn	co	cp	cq	cr
cs	ct	cu	cv	cw	cx	cy	cz	cß
cä	cö	cü			Ca	Cb	Cc
Cd	Ce	Cf	Cg	Ch	Ci	Cj	Ck	Cl
Cm	Cn	Co	Cp	Cq	Cr	Cs	Ct	Cu
Cv	Cw	Cx	Cy	Cz	Cß	Cä	Cö	Cü

da	db	dc	dd	de	df	dg	dh	di
dj	dk	dl	dm	dn	do	dp	dq	dr
ds	dt	du	dv	dw	dx	dy	dz	dß
dä	dö	dü			Da	Db	Dc
Dd	De	Df	Dg	Dh	Di	Dj	Dk	Dl
Dm	Dn	Do	Dp	Dq	Dr	Ds	Dt	Du
Dv	Dw	Dx	Dy	Dz	Dß	Dä	Dö	Dü

ea	eb	ec	ed	ee	ef	eg	eh	ei
ej	ek	el	em	en	eo	ep	eq	er
es	et	eu	ev	ew	ex	ey	ez	eß
eä	eö	eü				Ea	Eb	Ec
Ed	Ee	Ef	Eg	Eh	Ei	Ej	Ek	El
Em	En	Eo	Ep	Eq	Er	Es	Et	Eu
Ev	Ew	Ex	Ey	Ez	Eß	Eä	Eö	Eü

fa	fb	fc	fd	fe	ff	fg	fh	fi
fj	fk	fl	fm	fn	fo	fp	fq	fr
fs	ft	fu	fv	fw	fx	fy	fz	fß
fä	fö	fü				Fa	Fb	Fc
Fd	Fe	Ff	Fg	Fh	Fi	Fj	Fk	Fl
Fm	Fn	Fo	Fp	Fq	Fr	Fs	Ft	Fu
Fv	Fw	Fx	Fy	Fz	Fß	Fä	Fö	Fü

ga	gb	gc	gd	ge	gf	gg	gh	gi
gj	gk	gl	gm	gn	go	gp	gq	gr
gs	gt	gu	gv	gw	gx	gy	gz	gß
gä	gö	gü				Ga	Gb	Gc
Gd	Ge	Gf	Gg	Gh	Gi	Gj	Gk	Gl
Gm	Gn	Go	Gp	Gq	Gr	Gs	Gt	Gu
Gv	Gw	Gx	Gy	Gz	Gß	Gä	Gö	Gü

ha	hb	hc	hd	he	hf	hg	hh	hi
hj	hk	hl	hm	hn	ho	hp	hq	hr
hs	ht	hu	hv	hw	hx	hy	hz	hß
hä	hö	hü				Ha	Hb	Hc
Hd	He	Hf	Hg	Hh	Hi	Hj	Hk	Hl
Hm	Hn	Ho	Hp	Hq	Hr	Hs	Ht	Hu
Hv	Hw	Hx	Hy	Hz	Hß	Hä	Hö	Hü

ia	ib	ic	id	ie	if	ig	ih	ii
ij	ik	il	im	in	io	ip	iq	ir
is	it	iu	iv	iw	ix	iy	iz	iß
iä	iö	iü				Ja	Jb	Jc
Jd	Je	Jf	Jg	Jh	Ji	Jj	Jk	Jl
Jm	Jn	Jo	Jp	Jq	Jr	Js	Jt	Ju
Jv	Jw	Jx	Jy	Jz	Jß	Jä	Jö	Jü

ja	jb	jc	jd	je	jf	jg	jh	ji
jj	jk	jl	jm	jn	jo	jp	jq	jr
js	jt	ju	jv	jw	jx	jy	jz	jß
jä	jö	jü				Ja	Jb	Jc
Jd	Je	Jf	Jg	Jh	Ji	Jj	Jk	Jl
Jm	Jn	Jo	Jp	Jq	Jr	Js	Jt	Ju
Jv	Jw	Jx	Jy	Jz	Jß	Jä	Jö	Jü

ka	kb	kc	kd	ke	kf	kg	kh	ki
kj	kk	kl	km	kn	ko	kp	kq	kr
ks	kt	ku	kv	kw	kx	ky	kz	kß
kä	kö	kü				Ka	Kb	Kc
Kd	Ke	Kf	Kg	Kh	Ki	Kj	Kk	Kl
Km	Kn	Ko	Kp	Kq	Kr	Ks	Kt	Ku
Kv	Kw	Kx	Ky	Kz	Kß	Kä	Kö	Kü

ma	mb	mc	md	me	mf	mg	mh	mi
mj	mk	ml	mm	mn	mo	mp	mq	mr
ms	mt	mu	mn	mw	mx	my	mz	mß
mä	mö	mü				Ma	Mb	Mc
Md	Me	Mf	Mg	Mh	Mi	Mj	Mk	Ml
Mm	Mn	Mo	Mp	Mq	Mr	Ms	Mt	Mu
Mv	Mw	Mx	My	Mz	Mß	Mä	Mö	Mü

na	nb	nc	nd	ne	nf	ng	nh	ni
nj	nk	nl	nm	nn	no	np	nq	nr
ns	nt	nu	nv	nw	nx	ny	nz	nß
nä	nö	nü				Na	Nb	Nc
Nd	Ne	Nf	Ng	Nh	Ni	Nj	Nk	Nl
Nm	Nn	No	Np	Nq	Nr	Ns	Nt	Nu
Nv	Nw	Nx	Ny	Nz	Nß	Nä	Nö	Nü

oa	ob	oc	od	oe	of	og	oh	oi
oj	ok	ol	om	on	oo	op	oq	or
os	ot	ou	ov	ow	ox	oy	oz	oß
oä	oö	oü				Oa	Ob	Oc
Od	Oe	Of	Og	Oh	Oi	Oj	Ok	Ol
Om	On	Oo	Op	Oq	Or	Os	Ot	Ou
Ov	Ow	Ox	Oy	Oz	Oß	Oä	Oö	Oü

pa	pb	pc	pd	pe	pf	pg	ph	pi
pj	pk	pl	pm	pn	po	pp	pq	pr
ps	pt	pu	pv	pw	px	py	pz	pß
pä	pö	pü				Pa	Pb	Pc
Pd	Pe	Pf	Pg	Ph	Pi	Pj	Pk	Pl
Pm	Pn	Po	Pp	Pq	Pr	Ps	Pt	Pu
Pv	Pw	Px	Py	Pz	Pß	Pä	Pö	Pü

qua	qub	quc	qud	que	quf	qug	quh	qui
quj	quk	qul	qum	qun	quo	qup	qug	qur
qus	qut	quu	quv	quw	qux	quy	quz	quß
quä	quö	quü				Qua	Qub	Quc
Qud	Que	Quf	Qug	Quh	Qui	Quj	Quk	Qul
Qum	Qun	Quo	Qup	Qug	Qur	Qus	Qut	Quu
Quv	Quw	Qux	Quy	Quz	Quß	Quä	Quö	Quü

ra	rb	rc	rd	re	rf	rg	rh	ri
rj	rk	rl	rm	rn	ro	rp	rq	rr
rs	rt	ru	rv	rw	rx	ry	rz	rß
rä	rö	rü				Ra	Rb	Rc
Rd	Re	Rf	Rg	Rh	Ri	Rj	Rk	Rl
Rm	Rn	Ro	Rp	Rq	Rr	Rs	Rt	Ru
Rv	Rw	Rx	Ry	Rz	Rß	Rä	Rö	Rü

sa	sb	sc	sd	se	sf	sg	sh	si
sj	sk	sl	sm	sn	so	sp	sq	sr
ss	st	su	sv	sw	sx	sy	sz	sß
sä	sö	sü				Sa	Sb	Sc
Sd	Se	Sf	Sg	Sh	Si	Sj	Sk	Sl
Sm	Sn	So	Sp	Sq	Sr	Ss	St	Su
Sv	Sw	Sx	Sy	Sz	Sß	Sä	Sö	Sü

ta	tb	tc	td	te	tf	tg	th	ti
tj	tk	tl	tm	tn	to	tp	tq	tr
ts	tt	tu	tv	tw	tx	ty	tz	tß
tä	tö	tü				Ta	Tb	Tc
Td	Te	Tf	Tg	Th	Ti	Tj	Tk	Tl
Tm	Tn	To	Tp	Tq	Tr	Ts	Tt	Tu
Tv	Tw	Tx	Ty	Tz	Tß	Tä	Tö	Tü

ua	ub	uc	ud	ue	uf	ug	uh	ui
uj	uk	ul	um	un	uo	up	uq	ur
us	ut	uu	uv	uw	ux	uy	uz	uß
uä	uö	uü				Ua	Ub	Uc
Ud	Ue	Uf	Ug	Uh	Ui	Uj	Uk	Ul
Um	Un	Uv	Up	Uq	Ur	Us	Ut	Uu
Uv	Uw	Ux	Uy	Uz	Uß	Uä	Uö	Uü

va	vb	vc	vd	ve	vf	vg	vh	vi
vj	vk	vl	vm	vn	vo	vp	vq	vr
vs	vt	vu	vv	vw	vx	vy	vz	vß
vä	vö	vü				Va	Vb	Vc
Vd	Ve	Vf	Vg	Vh	Vi	Vj	Vk	Vl
Vm	Vn	Vo	Vp	Vq	Vr	Vs	Vt	Vu
Vv	Vw	Vx	Vy	Vz	Vß	Vä	Vö	Vü

wa	wb	wc	wd	we	wf	wg	wh	wi
wj	wk	wl	wm	wn	wo	wp	wq	wr
ws	wt	wu	wv	ww	wx	wy	wz	wß
wä	wö	wü				Wa	Wb	Wc
Wd	We	Wf	Wg	Wh	Wi	Wj	Wk	Wl
Wm	Wn	Wo	Wp	Wq	Wr	Ws	Wt	Wu
Wv	Ww	Wx	Wy	Wz	Wß	Wä	Wö	Wü

xa	xb	xc	xd	xe	xf	xg	xh	xi
xj	xk	xl	xm	xn	xo	xp	xq	xr
xs	xt	xu	xv	xw	xx	xy	xz	xß
xä	xö	xü				Xa	Xb	Xc
Xd	Xe	Xf	Xg	Xh	Xi	Xj	Xk	Xl
Xm	Xn	Xo	Xp	Xq	Xr	Xs	Xt	Xu
Xv	Xw	Xx	Xy	Xz	Xß	Xä	Xö	Xü

ya	yb	yc	yd	ye	yf	yg	yh	yi
yj	yk	yl	ym	yn	yo	yp	yq	yr
ys	yt	yu	yv	yw	yx	yy	yz	yß
yä	yö	yü				Ya	Yb	Yc
Yd	Ye	Yf	Yg	Yh	Yi	Yj	Yk	Yl
Ym	Yn	Yo	Yp	Yq	Yr	Ys	Yt	Yu
Yv	Yw	Yx	Yy	Yz	Yß	Yä	Yö	Yü

za	zb	zc	zd	ze	zf	zg	zh	zi
zj	zk	zl	zm	zn	zö	zp	zq	zr
zs	zt	zu	zv	zw	zx	zy	zz	zß
zä	zö	zü				Za	Zb	Zc
Zd	Ze	Zf	Zg	Zh	Zi	Zj	Zk	Zl
Zm	Zn	Zo	Zp	Zq	Zr	Zs	Zt	Zu
Zv	Zw	Zx	Zy	Zz	Zß	Zä	Zö	Zü

äa	äb	äc	äd	äe	äf	äg	äh	äi
äj	äk	äl	äm	än	äv	äp	äq	är
äs	ät	äu	äv	äw	äx	äy	äz	äß
ää	äö	äü				Äa	Äb	Äc
Äd	Äe	Äf	Äg	Äh	Äi	Äj	Äk	Äl
Äm	Än	Äö	Äp	Äq	Är	Äs	Ät	Äu
Äv	Äw	Äx	Äy	Äz	Äß	Ää	Äö	Äü

öa	öb	öc	öd	öe	öf	ög	öh	öi
öj	ök	öl	öm	ön	öo	öp	öq	ör
ös	öt	öu	öv	öw	öx	öy	öz	öß
öä	öö	öü				Öa	Öb	Öc
Öd	Öe	Öf	Ög	Öh	Öi	Öj	Ök	Öl
Öm	Ön	Öo	Öp	Öq	Ör	Ös	Öt	Öu
Öv	Öw	Öx	Öy	Öz	Öß	Öä	Öö	Öü

üa	üb	üc	üd	üe	üf	üg	üh	üi
üj	ük	ül	üm	ün	üo	üp	üq	ür
üs	üt	üu	üv	üw	üx	üy	üz	üß
üä	üö	üü				Üa	Üb	Üc
Üd	Üe	Üf	Üg	Üh	Üi	Üj	Ük	Ül
Üm	Ün	Üo	Üp	Üq	Ür	Üs	Üt	Üu
Ür	Üw	Üx	Üy	Üz	Üß	Üä	Üö	Üü

28

ßa	ßb	ßc	ßd	ße	ßf	ßg	ßh	ßi
ßj	ßk	ßl	ßm	ßn	ßo	ßp	ßq	ßr
ßs	ßt	ßu	ßv	ßw	ßx	ßy	ßz	ßß
ßä	ßö	ßü						

Regel Nr. 3:
Die Buchstaben-Elemente erkennen.
Bisher wurden die Buchstaben immer im Ganzen abgebildet, nie wurden ihre
Bausteine gezeigt. Doch Buchstaben entstehen **nicht im Stück**, sondern aus
wenigen, **immer wiederkehrenden Formelementen, z. B.: c + l = d**

l	=	*l*				*c*	+	*ı*	=	*a*
l	+	*ʃ*	=	*b*		*c*	+	*ı*	=	*d*
l	+	*ı*	=	*h*		*c*	+	*ʃ*	=	*o*
l	+	*2*	=	*k*		*c*	+	*ɤ*	=	*g*
l	+	*ɤ*	=	*f*		*ı*	+	*ᵕ*	=	*r*
ɤ	+	·	=	*j*		*ı*	+	*ı*	=	*n*
ı	+	·	=	*i*		*ı*	+	*ʃ*	=	*v*
ı	+	*ı*	=	*u*						

ı	+	*ᵕ*	=	*r*		
ı	+	*ı*	=	*n*		
ı	+	*ı*	+	*ı*	=	*m*
ı	+	*ʃ*	=	*v*		
ı	+	*ı*	+	*ʃ*	=	*w*

Aus diesen Bausteinen kann man alle **Kleinbuchstaben** zusammensetzen – p, qu, y und t fehlen – setze sie selbst zusammen und schreibe sie in die Kästchen

Die Namen der Segmente erleichtern das Erklären des Aufbaus – zwei Beispiele: das *b* besteht aus dem *l (große Schleife)* plus halbem *o (halbes Ei mit kleiner Welle)* – das *ü* besteht aus zwei aneinandergereihten *i (zwei Mal spitzer Pfeil)*.

ʃ	+	*c*	=	*o*			
ᵕ	=	*b*	*o*	*r*	*v*	*w*	*ʃ*
ⁱ							
ʃ							
z							
ß							

c kleiner Halbkreis   i spitzer Pfeil

e kleine Schleife   l große Schleife

j Lasso ι kleiner Doppelhaken

ι kleiner Haken ◡ kleine Welle

ℑ halbes Ei mit Welle ℑ Kelle ∫ Rutsche

ℓ großer Doppelhaken ᴗ Halbmond

⋀ Flamme ∼ Kopfwelle ∼ Fußwelle

a	c	a	a
b	$)$	l	b
c	c		

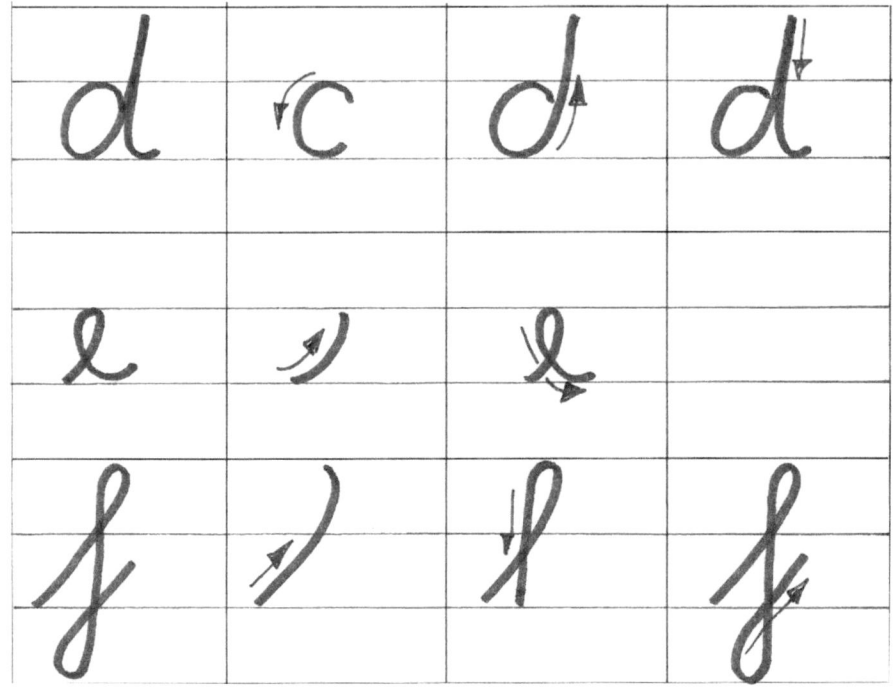

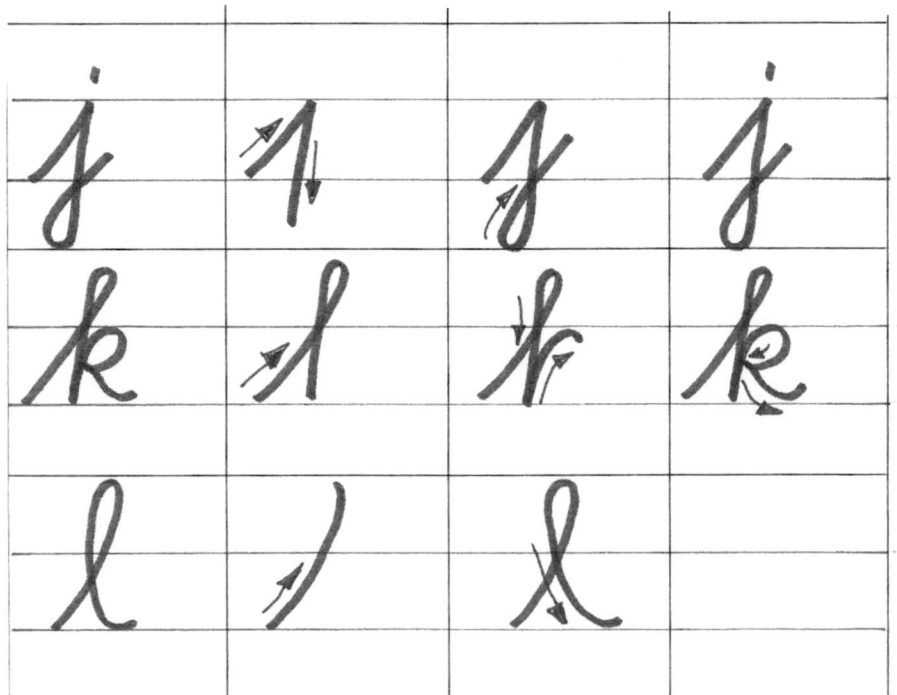

ä	⸏c	⸏ơ	ä̖
ö	⸏c	⸏o̗	ö
ü	⸏t	⸏v̗	ü̗

ü	⸏ı̗	⸏ı̗	ü̗

Regel Nr. 4:
Aufteilen der Kleinbuchstaben in sechs Gruppen

Jede Gruppe hat eine typische Schreibeigenschaft

eliuüt, caäd, jfgy, pnmhk, boörvwx und *sßz qu*

Regel Nr. 5:
Anfangen zu schreiben

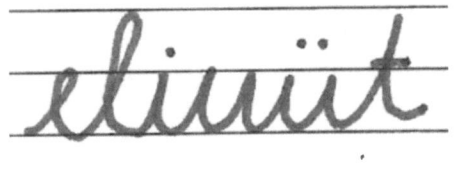

Die Buchstaben der **ersten Gruppe**

e l i u ü t

geben dir das **richtige Schreibgefühl** - das **Gefühl für die** *Fließbewegung* **mit dem Stift auf der Linie.** Diese Linie heißt **Grundlinie** und sie ist immer gerade. Auf so einer Linie laufen alle Buchstaben von **links nach rechts** entlang. Wie ein Fluss, auf dem die Buchstaben wie Boote schwimmen um zu Wörtern zusammenzufinden. Sie gleiten immer nur von links nach rechts. Tun sie das nicht, stoßen sie zusammen und man kann sie nicht lesen. Die Wortboote. Die Reihenfolge *e-l-i-u-ü-t* ist so angeordnet, weil das e (als erster Übungsbuchstabe) am einfachsten ist und weil es in der deutschen Sprache am häufigsten vorkommt. Das *e* ist also so etwas wie die Basis oder der Ausgangsbuchstabe der lateinischen Schulschreibschrift.

Neben dem Bausatz ist das Wichtigste beim Schreiben
das *Stück zwischen den Buchstaben,* das von links nach rechts führt.
Dieses kleine Verbindungselement ist
das Geheimnis der fließenden Handschrift-Technik.

Das „Zwischenstück" macht das Schreiben schnell. Es ist der Steg, der aus
mehreren Teilen ein Ganzes und aus einzelnen Buchstaben ein Wort macht. Wegen
dieser Übergänge gibt es diese Schrift überhaupt. Obwohl man die Bindeglieder
beim Schreiben gar nicht bemerkt.
Das ist der Trick dabei.

Jetzt wird e-l-i-u-ü-t in **Quadrate** geschrieben, danach geht es gleich auf die
Linien

Das e *(kleine Schleife)*beginnt auf der Grundlinie und wird nach rechts in kleinem

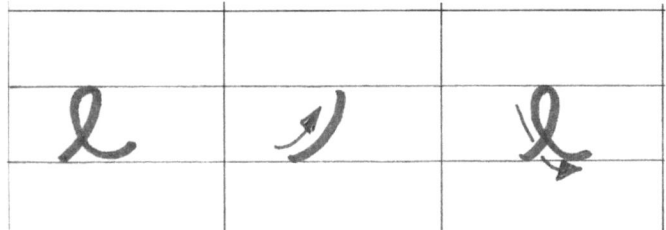

rechten Bogen nach oben gezogen – oben an der Mittellinie machst du dasselbe spiegelverkehrt, das heißt, du fährst im linken Bogen in Richtung auf die Grundlinie zurück und kreuzt den ersten

Bogen kurz vorher, sodass du plötzlich auf der rechten Seite des Buchstabens bist.
Hier kann der nächste Buchstabe anschließen.

ℓ ℓ ℓ ℓ ℓ ℓ

ℓ ℓ ℓ ℓ ℓ ℓ

ℓ ℓ ℓ ℓ ℓ ℓ

ℓ ℓ ℓ ℓ ℓ ℓ

ℓ ℓ ℓ ℓ ℓ ℓ ℓ ℓ ℓ ℓ ℓ ℓ
ℓ ℓ ℓ ℓ ℓ ℓ ℓ ℓ ℓ ℓ ℓ ℓ
ℓ ℓ ℓ ℓ ℓ ℓ ℓ ℓ ℓ ℓ ℓ ℓ
ℓ ℓ ℓ ℓ ℓ ℓ ℓ ℓ ℓ ℓ ℓ ℓ
ℓ ℓ ℓ ℓ ℓ ℓ ℓ ℓ ℓ ℓ ℓ ℓ
ℓ ℓ ℓ ℓ ℓ ℓ ℓ ℓ ℓ ℓ ℓ ℓ
ℓ ℓ ℓ ℓ ℓ ℓ ℓ ℓ ℓ ℓ ℓ ℓ
ℓ ℓ ℓ ℓ ℓ ℓ ℓ ℓ ℓ ℓ ℓ ℓ

Das *l (große Schleife)* ist wie das *e*, nur hochgezogen. Das heißt, es hat eine „Oberlänge". So nennt man bei den Kleinbuchstaben die Schleifen oder Striche, die so lang sind, wie Großbuchstaben.

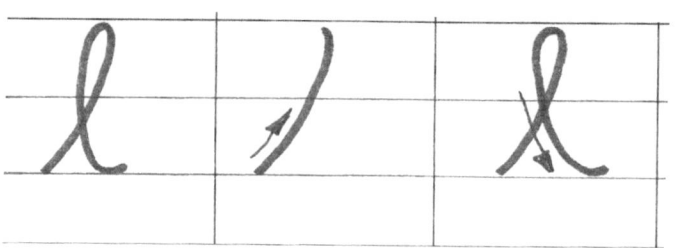

Das *i (spitzer Pfeil)* ist wie ein zu schmal geratenes *e* – mit einem kleinen Punkt (keinem Kringel) genau über der Spitze im Oberlängenbereich.

i	i	i	i	i	i
i	i	i	i	i	i
i	i	i	i	i	i
i	i	i	i	i	i

i	i	i	i	i	i	i	i	i	i	i	i
i	i	i	i	i	i	i	i	i	i	i	i
i	i	i	i	i	i	i	i	i	i	i	i
i	i	i	i	i	i	i	i	i	i	i	i
i	i	i	i	i	i	i	i	i	i	i	i
i	i	i	i	i	i	i	i	i	i	i	i
i	i	i	i	i	i	i	i	i	i	i	i
i	i	i	i	i	i	i	i	i	i	i	i

ei	*ei*	*ei*	*ei*	*ei*	*ei*
ei	*ei*	*ei*	*ei*	*ei*	*ei*
ei	*ei*	*ei*	*ei*	*ei*	*ei*
ei	*ei*	*ei*	*ei*	*ei*	*ei*

ei	ei	ei	ei	ei	ei	ei	ei	ei	ei	ei	ei
ei	ei	ei	ei	ei	ei	ei	ie	ie	ie	ei	ie
ie	ie	ei	ei	ie	ie	ie	ie	ie	ei	ei	ie
ie	ie	ie	ie	ei	ei	ei	ie	ei	ie	ei	ei
ie	ie	ie	ie	ei	ei	ei	ei	ie	ie	ei	ie
ei	ei	ie	ie	ie	ie	ei	ei	ei	ei	ie	ie
ie	ie	ei	ei	ei	ie	ie	ie	ie	ie	ie	ei
ei	ei	ei	ei	ie	ie	ie	ie	ei	ei	ei	ie

Das _u_ ist wie zweimal i – *(zwei spitze Pfeile)* nur ohne Punkte.

Das _ü_ ist wieder wie zweimal i *(zwei spitze Pfeile* mit Punkten oder Strichen) oben drauf.

i	i	i	ü	u	ü	i	i	u	ü	u	ü
i	iu	iü	u	ü	ü	u	u	i	i	t	t
u	ü	i	i	u	ü	i	i	u	u	ü	u
ti	u	ui	iu	i	i	i	i	i	i	u	ü
it	u	ü	i	i	ie	ei	ue	te	te	ei	ue
u	i	i	i	i	ü	i	i	u	ü	i	i
i	i	i	i	i	u	ei	u	uu	ue	eu	it
i	i	i	ü	ü	u	ü	u	i	i	i	i

<u>Das *t*</u> ist das kleine i *(spitzer Pfeil)* - ohne Punkt mit Oberlänge und mit einem

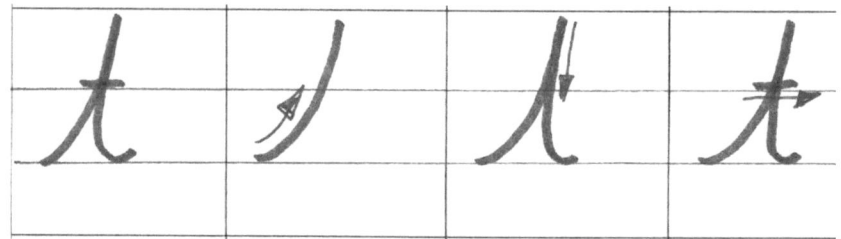

kurzen Querstrich auf oder über der Mittellinie.

it	it	it	it	it	it
it	it	ti	ti	ti	tt
tt	it	it	tt	ti	tu
tii	iti	itu	it	it	it

ee el le li lu lii ti eli elu ei eile

ei ele ut ute iite eli elu elii te

ee ei eu ue ie iie eite tiite elle

leute lei leu leu leu te leu te te

tii te tii te tut tut tut tiit tiitii

eu le eu eul eule ei eil eile lie

lil li lie lieb lei lie lei lie lue

Die Buchstaben der **zweiten Gruppe** caäd

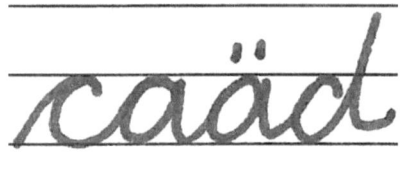

Beginne mit einem deutlichen Strich von unten nach oben, hin zur Mittellinie. Diesen Strich nennt man **Anstrich,** weil er *an* den Buchstaben her**an**führt. Du brauchst ihn nur, wenn der Buchstabe **nicht** als <u>erster</u> Buchstabe steht. Erste, also Anfangsbuchstaben brauchen keinen Anstrich, da kannst du ihn weglassen und oben an der Mittellinie beginne. Der Anstrich ist ungefähr ein halbes *i (halber spitzer Pfeil).*

c-a-ä-d zeigen vier Buchstaben mit **U-turn** (sprich: *ju-törn* – das kennst du vom Autofahren) – du fährst mit dem Stift *auf demselben Weg* **zurück** - bei a und ä schließt du das c mit einer i-Bewegung kleiner spitzer Pfeil) oben ab und fährst wieder runter zur Grundlinie. Das d hat eine i-Verlängerung bis zur Oberlängenlinie. Du fährst auf dem langen i-Strich wieder zurück und runter bis zur Grundlinie.

Jetzt wird nach dem eliuüt-Prinzip in Quadrate geschrieben
und danach geht es auf die Linie

Das <u>c</u> ist ein *kleiner Halbkreis* – bekommt es einen Anstrich, wird der oben nach rechts ein Stück gebogen, und – Achtung: U-turn! – du fährst mit dem Stift *auf dem Bogen denselben Weg* **zurück** und machst dann den Halbkreis „rund". Das muss man etwas üben, bis es „nahtlos" klappt.

46

c	*c*	*c*	*c*	*c*	*ic*
ci	*c*	*c*	*cc*	*ca*	*c*
c	*c*	*c*	*c*	*c*	*c*
c	*c*	*c*	*ci*	*ci*	*ce*

Das *a:* ist ein *c* (*kleiner Halbkreis*) mit einem *i* (*spitzer Pfeil* ohne Punkt), das das *a* oben und an der Seite schließt.

a	*c*	*a*	*a*

Das *ä:*
ist das *a* (*kleiner Halbkreis und spitzer Pfeil*) mit zwei Punkten oder strichen direkt über dem oberen Bogen im Oberlängenbereich.

ä	*c*	*a*	*ä*

ce	ci	a	ci	a	a	a	a	ci	ci	a	ca
ca	ce	ci	ci	ci	a	a	ci	ci	a	ci	a
ci	a	ci	a	ci	a	a	ci	ci	a	ci	a
ce	ce	ai	ai	ca	ca	ci	ci	ca	ca	ci	ai
ci	ic	ic	ic	ia	ia	ce	ca	ca	ce	ce	cee
aie	aii	äu	ai	ci	cei	ce	ca	ci	ci	ca	cc
ec	ea	ea	ea	ai	ai	ae	ci	ci	a	ai	ai
eic	cie	ae	ai	ei	ei	ce	ci	ai	aa	ce	ci

Das d: wie das c mit langem i (ohne Punkt) oder t (ohne Strich)

c cc cc ca ci ca ci ic ia ica
cia icd ict cit cad cäi ciad
cidt ccel celt citti celt cäle tie
edic ecci elte celd alt alte aa
aal aad ead eat eeai cci eela
cad aalei alei leila eele cece ci
cadä cäe caeä ccia eldac adac

cct ct de ect ede acte deci aite

cite cti dcai uici uiiec eucie

cdt aut cuel cute acte cete etä

catte cail tac tuc tiic tiici tu

tutu tiitu aic aite eite alle tc

älte elte tac tal tail teil leid

teit lait laid lei leite tail tau

Die Buchstaben der **dritten Gruppe** jfyg

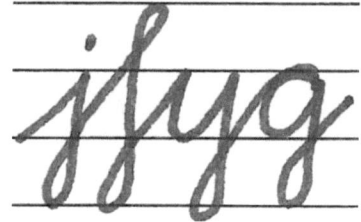

zeigen dir die Buchstaben, die nach
unten *verlängert* sind – sie haben eine **Unterlängen-Schleife** *(Lasso unten).*
Die Buchstaben *j, f, g, y* **kannst du schon schreiben** – jedenfalls zu Hälfte:

Jetzt wird nach demselben Prinzip wie zuvor, in Quadrate geschrieben
und danach geht es auf die Linien

Das *j* ist das *i (spitzer Pfeil)* mit *Lasso unten.*

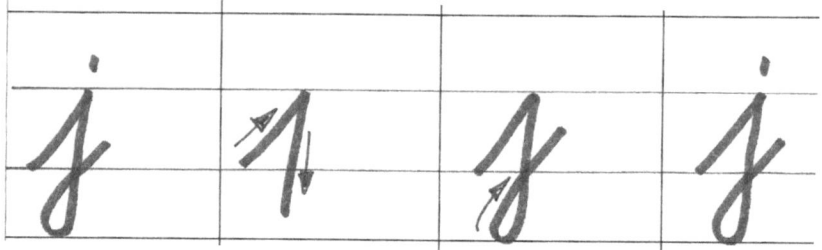

Das *f* ist des *I (große Schleife)* mit *Lasso un*

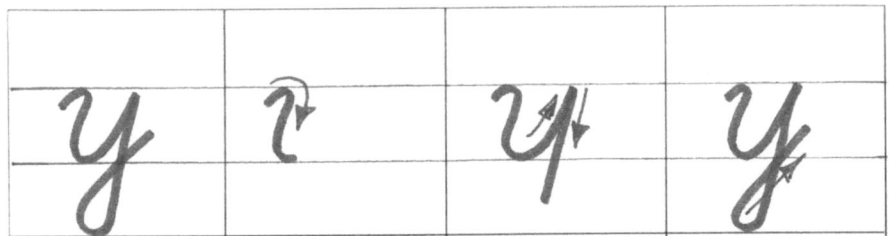

Das *y* ist das *u* mit *Lasso n* – der Anstrich kann ein Bogen sein

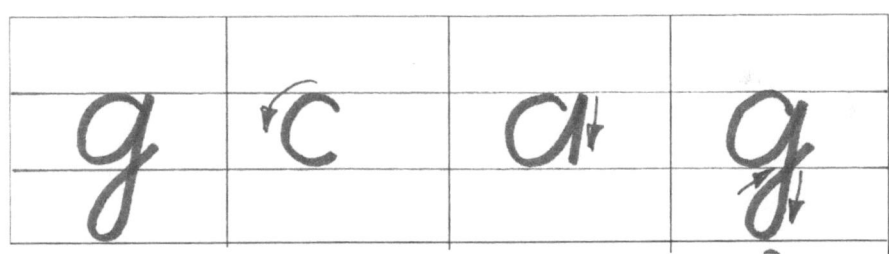

Das *g* ist das *a (kleiner Halbkreis* mit *spitzem Pfeil* ohne Punkt)
mit *Lasso unten*.

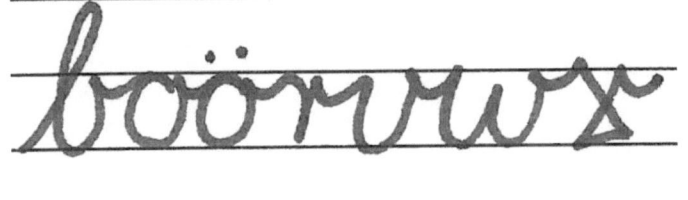

Die vierte Gruppe boörvwx

zeigt die Buchstaben mit „**Oberleitung**". Ich nenne das so, weil sie alle auf der Höhe der a-Oberkante enden – also nicht auf der Grundlinie, sondern „oben".

Jetzt wird nach demselben Prinzip wie zuvor, in Quadrate geschrieben
und danach geht es auf die Linien

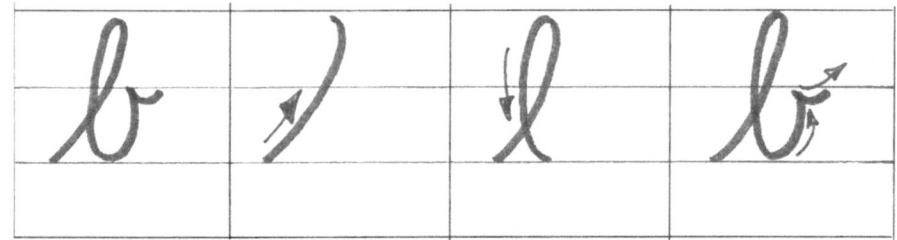

Das _b_ ist das _l (große Schleife)_ mit dem halben rechten _o (rechtem Bogen und Welle_

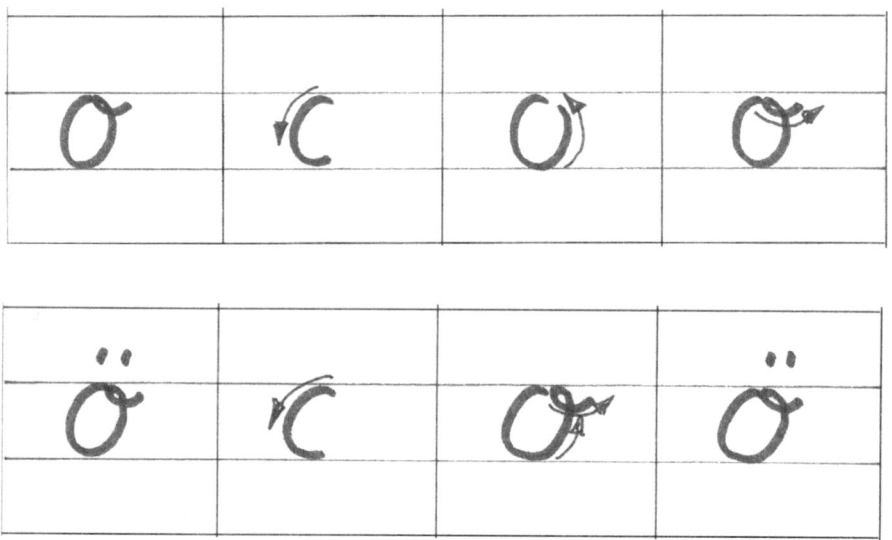

Das _o_ ist das _c (kleiner Halbkreis)_ mit _rechtem Bogen und Welle_ an der Oberleitung (so kann in den folgenden Buchstaben übergeleitet werden).

Das _ö_ ist das _o_ mit zwei Punkten oder Strichen direkt über dem oberen Bogen im Oberlängenbereich

Das _r_ ist ein _kleiner Haken_ mit _U-Turn_ auf dem Strich nach oben und mit _kleiner Welle_

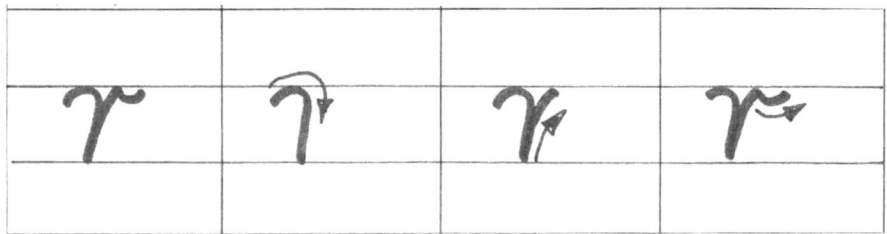

Das _v_ ist ein _kleiner Doppelhaken_ und _rechtem Bogen und Welle_

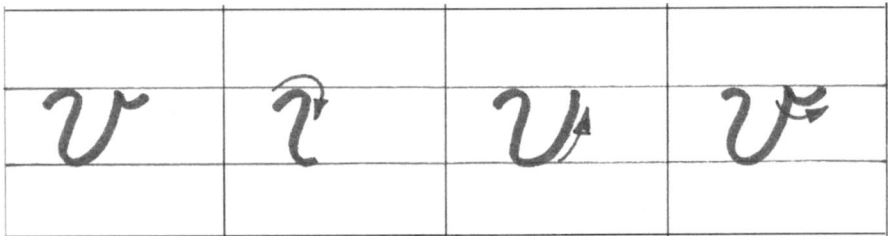

Das _w_ ist das _u (zwei spitze Pfeile)_ nur ohne Punkte mit halbem _o (rechtem Bogen und Welle)_

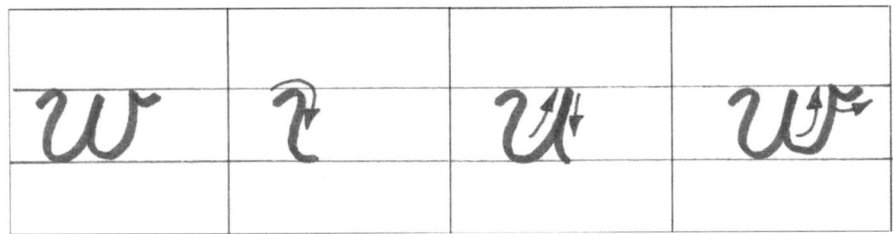

Das _x_ besteht aus zwei schrägen (diagonal) in der Mitte überkreuzten Strichen, die auf der Linie verbunden sind und mit _kleiner Welle_.

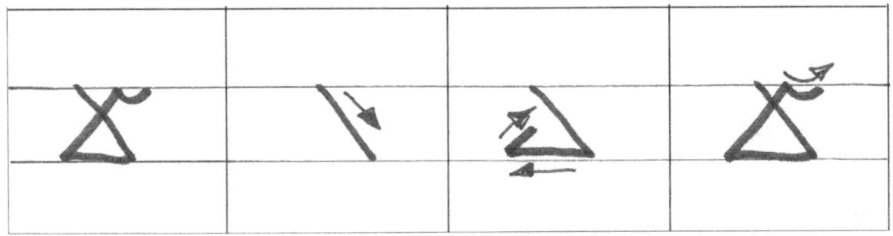

Jetzt wird nach demselben Prinzip wie zuvor, in Quadrate geschrieben und danach
geht es auf die Linien

loo blov voll vor orv veile feile

viele ovte offe ovt owe ofe vollc

vale vale wale vas was was wo

wo wo wu wrv uwe uwe vau

fau faul lauf lauv vrei vrai

frei freu brei brei brei blöde blo

blow billi billig bilig lve boe

böre bole böle bowle wo woo wi

wie wi wil will viel vil fil fiel

wolle folle volle wo vo vor vox si

love liebe lieber bux box bax

boxe roce raxe axt lax lux xul

rux oxe ofyx yx offux ruxfel

raffel olyx olijx itx aix ayx

Die fünfte Gruppe *pnmhk*

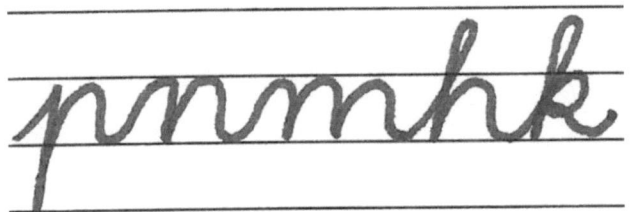

hat den **Bogen** raus - soll heißen, diese Buchstaben beschreiben nach oben gewölbte „Torbögen"

Jetzt wird nach demselben Prinzip wie zuvor, in Quadrate geschrieben und danach geht es auf die Linie

<u>Das</u> *p* ist eine *1* (eins) oder ein „Anstrich mit Unterlänge" *(spitzer Pfeil)* an den rechts ein *kleiner Doppelhaken* anschließt

Das _n_ ist das _r_ (*kleiner Haken* mit *U-Turn* auf dem Strich nach oben) und *kleinem Doppelhake*

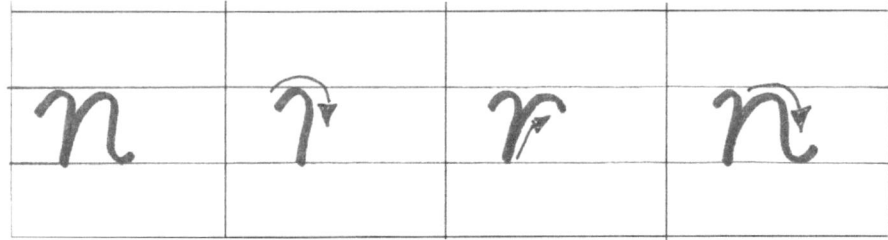

Das _m_ ist wie das _r_ (nur zweimal *kleiner Haken* mit *U-Turn* auf dem Strich nach oben) und *kleinem Doppelhaken*

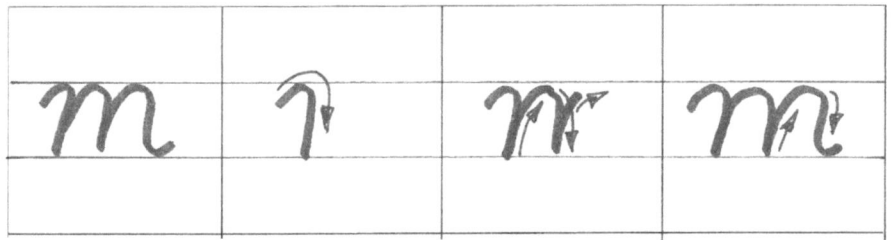

Das _h_ ist das _l (große Schleife)_ mit halbem n (*kleinem Doppelhaken*)

Das _k_ ist das _l (große Schleife)_ mit einer kleinen 2 auf der rechten Seite

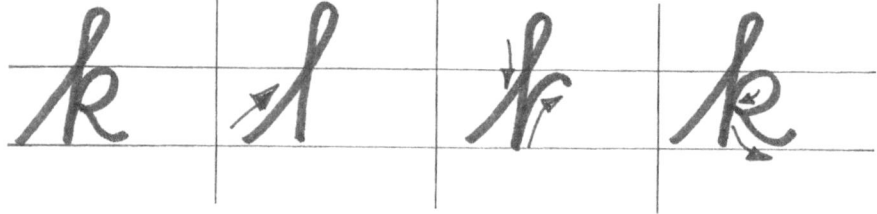

i p ip ipp pi pie py pj pil lh
pih pu pu np pun pn pelle
peile pfeile prei pnu po pow pe
ruf rupf nun nun nun null
lk kl ke ku ka kil killer keil
liik luk leik like meik maik
merk kleid clyde clijd keiner

pick picken ab ap aber apfel
hipp hurra pur up apbauen
abbauen bauen abhauen abgeb
abgeben labern bern lern gern
gar gerne gären lachen lachte
brachte ich dich nach rechts so
war es nicht links! suß süß

Hier sind schon Buchstaben aus der letzten Gruppe dabei … welche?

Die sechste Gruppe sßz qu

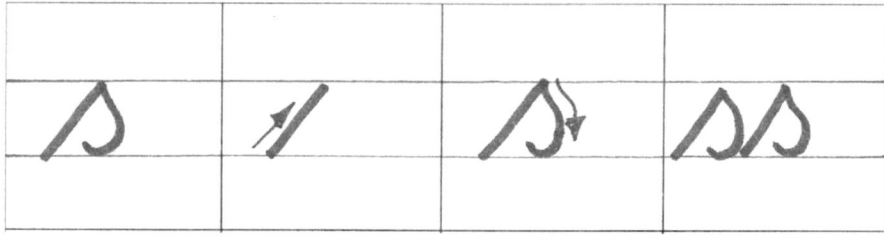

zeigt die **Buchstaben ohne analoge Bausteine** und das einzige **festgelegte Buchstabenpaar.**

Jetzt wird nach demselben Prinzip wie zuvor, in Quadrate geschrieben und danach geht es auf die Linien

Das *s* hat einen schräg nach rechts oben verlaufenden Anstrich, an den ein kleiner „linker Haken" nach unten anschließt. Das *s* hat keinen Anschluss an den nächsten Buchstaben.

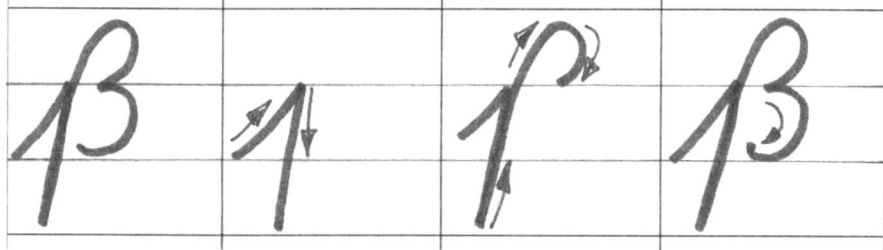

Das *ß* gibt es nur in er deutschen Sprache und in der Schreibschrift

nur als Kleinbuchstabe. Das *ß* besteht aus einer Unterlängen-*1*(eins), die mit einer *3* verbunden ist. Die *1* hat unten einen „U-Turn", dann geht es hoch in den Oberlängenbereich und dann folgt die *3* bis zur Grundlinie.

Das z hat eine kopf- und eine Fußwelle und dazwischen eine diagonal

Das *q* ist ein **Unikum**. Es schreibt sich wie ein *a* [*c* (*kleiner Halbkreis*) mit einem *i* (*spitzer Pfeil* ohne Punkt), das das *a* oben und an der Seite schließt] mit Strich nach unten (wie beim *p*). Das *q* tritt im Deutschen ausschließlich in Verbindung mit dem u auf, ist also ein „Buchstabenpaar". Der Übergang zum folgenden Buchstaben ist wie beim *u*.

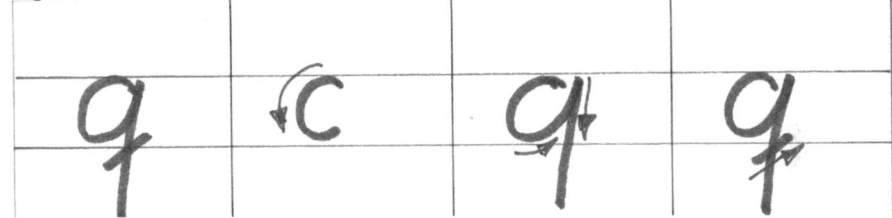

Jetzt wird nach demselben Prinzip wie zuvor, in Quadrate geschrieben
und danach geht es auf die Linien

sah sagen sehen sägen sagen si

sie sieh maß muss nuss naß

küssen schmusen lassen glasen

blasen blass krass kross groß

bloß kolossal los bos flüssiger

flusiger schusselig russisch ruß-

ig schreiben kreischen lesen böse

zu lassen zulassen zur zurück

trotzen glotzen putzen kurz

kürzen stutzen stützen zucken

zücken bolzen holzen platzen

sitzen schwitzen riss ritzen zue

zagen zogen zwei zwölf **zwo**

würzen stürzen stürzen zwanzig

que qua quatschen quittieren

zerquetschen aufquellen qu kuh

ququk quer kwer quälen

quaken quieken quick qualmen

quietschen qurlen quirlen

quitt quasi verquer queck

quecksilbrig überqueren quirlen

Großbuchstaben (Versalien)
CEOÖQG TFPBRD IJKH UÜYVW AÄNM ZLSX* 1234567890 + - = x :

*Das ß wird in der Schreibschrift nicht als Großbuchstabe angeboten,
weil kein Wort mit ß beginnt

Bei den Großbuchstaben wird genauso verfahren wie bei den Kleinbuchstaben: erst
in die großen Kästchen schreiben, dann in die kleinen Kästchen und dann auf bezie-
hungsweise zwischen die Linien.
Hier sind die alle Großbuchstaben mit allen Kleinbuchstaben einmal verbunden.
Es müssen nicht alle und nicht alle nach der reihe abgeschrieben werden. Denn
auch hier geht es darum, dass das Prinzip verstanden wird. Also nicht ohne nachzu-
denke alles „abmalen", sondern gleiche Verbindungen finden z. b. Ci, Cu, Cü Cy
..und so weiter sind gleich. Übe sie, bis du sie kannst. Dann kannst du aufhören.

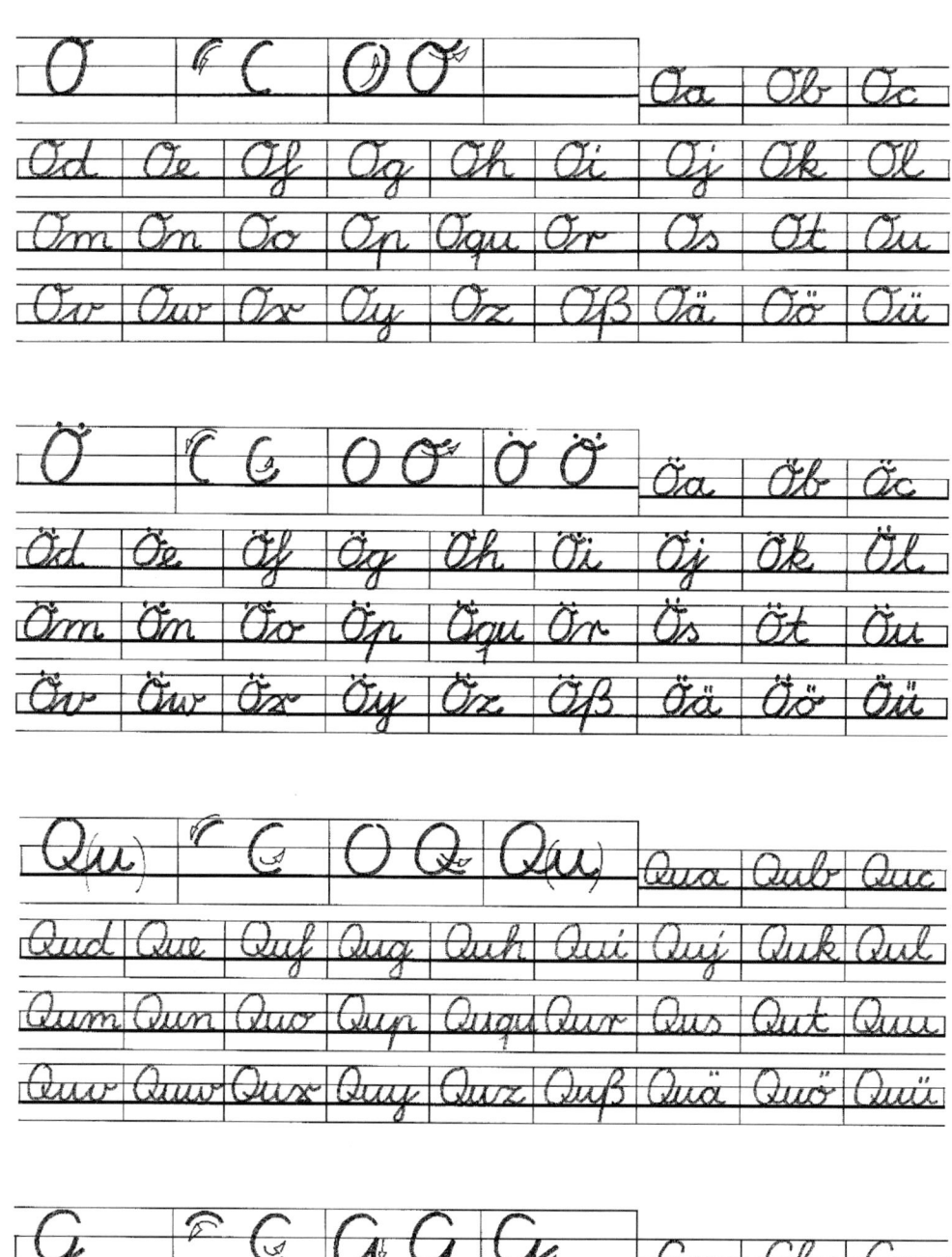

O	ʿ C	O O		Oa	Ob	Oc
Od	Oe	Of	Og	Oh	Oi	Oj	Ok	Ol
Om	On	Oo	Op	Oqu	Or	Os	Ot	Ou
Ov	Ow	Ox	Oy	Oz	Oß	Oä	Oö	Oü

Ö	ʿ C	O O	Ö Ö	Öa	Öb	Öc
Öd	Öe	Öf	Ög	Öh	Öi	Öj	Ök	Öl
Öm	Ön	Öo	Öp	Öqu	Ör	Ös	Öt	Öu
Öv	Öw	Öx	Öy	Öz	Öß	Öä	Öö	Öü

Qu	ʿ C	O Q	Qu	Qua	Qub	Quc
Qud	Que	Quf	Qug	Quh	Qui	Quj	Quk	Qul
Qum	Qun	Quo	Qup	Ququ	Qur	Qus	Qut	Quu
Quv	Quw	Qux	Quy	Quz	Quß	Quä	Quö	Quü

G	ʿ C	G G	G	Ga	Gb	Gc
Gd	Ge	Gf	Gg	Gh	Gi	Gj	Gk	Gl
Gm	Gn	Go	Gp	Gqu	Gr	Gs	Gt	Gu
Gv	Gw	Gx	Gy	Gz	Gß	Gä	Gö	Gü

T		' ʃ	T			Ta	Tb	Tc
Td	Te	Tf	Tg	Th	Ti	Tj	Tk	Tl
Tm	Tn	To	Tp	Tqu	Tr	Ts	Tt	Tu
Tv	Tw	Tx	Ty	Tz	Tß	Tä	Tö	Tü

F		' ʃ	T F			Fa	Fb	Fc
Fd	Fe	Ff	Fg	Fh	Fi	Fj	Fk	Fl
Fm	Fn	Fo	Fp	Fqu	Fr	Fs	Ft	Fu
Fv	Fw	Fx	Fy	Fz	Fß	Fä	Fö	Fü

P		' ʃ	P			Pa	Pb	Pc
Pd	Pe	Pf	Pg	Ph	Pi	Pj	Pk	Pl
Pm	Pn	Po	Pp	Pqu	Pr	Ps	Pt	Pu
Pv	Pw	Px	Py	Pz	Pß	Pä	Pö	Pü

B		' ʃ	P P	B		Ba	Bb	Bc
Bd	Be	Bf	Bg	Bh	Bi	Bj	Bk	Bl
Bm	Bn	Bo	Bp	Bqu	Br	Bs	Bt	Bu
Bv	Bw	Bx	By	Bz	Bß	Bä	Bö	Bü

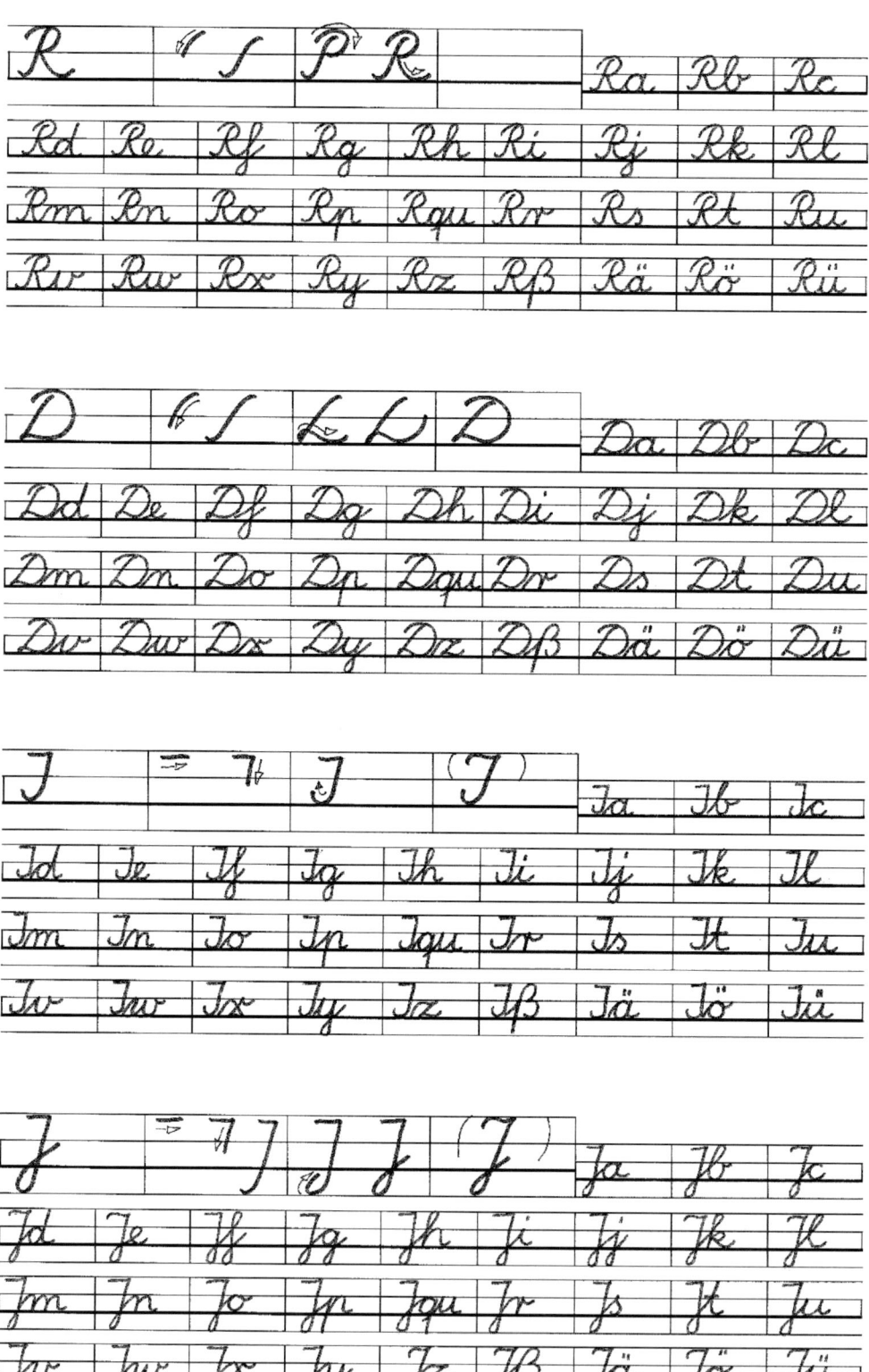

R		ʺ S	P R				Ra	Rb	Rc
Rd	Re	Rf	Rg	Rh	Ri	Rj	Rk	Rl
Rm	Rn	Ro	Rp	Rqu	Rr	Rs	Rt	Ru
Rv	Rw	Rx	Ry	Rz	Rß	Rä	Rö	Rü

D		ʺ S	L L D				Da	Db	Dc
Dd	De	Df	Dg	Dh	Di	Dj	Dk	Dl
Dm	Dn	Do	Dp	Dqu	Dr	Ds	Dt	Du
Dv	Dw	Dx	Dy	Dz	Dß	Dä	Dö	Dü

J		7 J	(J)				Ja	Jb	Jc
Jd	Je	Jf	Jg	Jh	Ji	Jj	Jk	Jl
Jm	Jn	Jo	Jp	Jqu	Jr	Js	Jt	Ju
Jv	Jw	Jx	Jy	Jz	Jß	Jä	Jö	Jü

J		7 J J J	(J)				Ja	Jb	Jc
Jd	Je	Jf	Jg	Jh	Ji	Jj	Jk	Jl
Jm	Jn	Jo	Jp	Jqu	Jr	Js	Jt	Ju
Jv	Jw	Jx	Jy	Jz	Jß	Jä	Jö	Jü

K	⇒ ⇑ 𝒥 𝒥 𝒦 𝒦						Ka	Kb	Kc
Kd	Ke	Kf	Kg	Kh	Ki	Kj	Kk	Kl	
Km	Kn	Ko	Kp	Kqu	Kr	Ks	Kt	Ku	
Kv	Kw	Kx	Ky	Kz	Kß	Kä	Kö	Kü	

H	⇒ ⇑ 𝒥 𝒥 𝒥 ℋ ℋ						Ha	Hb	Hc
Hd	He	Hf	Hg	Hh	Hi	Hj	Hk	Hl	
Hm	Hn	Ho	Hp	Hqu	Hr	Hs	Ht	Hu	
Hv	Hw	Hx	Hy	Hz	Hß	Hä	Hö	Hü	

U	⇒ ⇑ 𝒱 𝒱 𝒰 𝒰						Ua	Ub	Uc
Ud	Ue	Uf	Ug	Uh	Ui	Uj	Uk	Ul	
Um	Un	Uo	Up	Uqu	Ur	Us	Ut	Uu	
Uv	Uw	Ux	Uy	Uz	Uß	Uä	Uö	Uü	

Ü	⇑ 𝒱 𝒱 𝒰 𝒰 𝒰						Üa	Üb	Üc
Üd	Üe	Üf	Üg	Üh	Üi	Üj	Ük	Ül	
Üm	Ün	Üo	Üp	Üqu	Ür	Üs	Üt	Üu	
Üv	Üw	Üx	Üy	Üz	Üß	Üä	Üö	Üü	

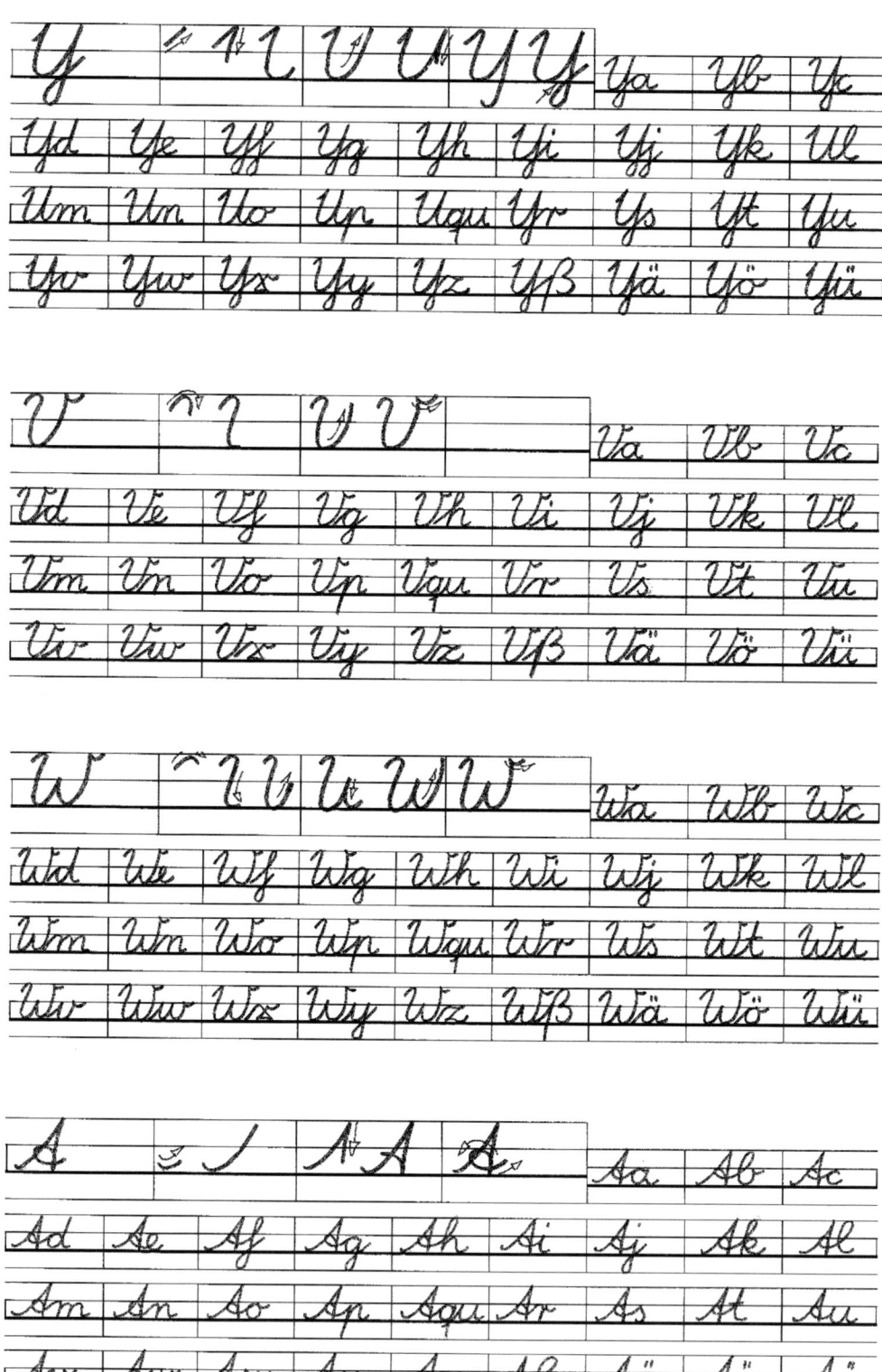

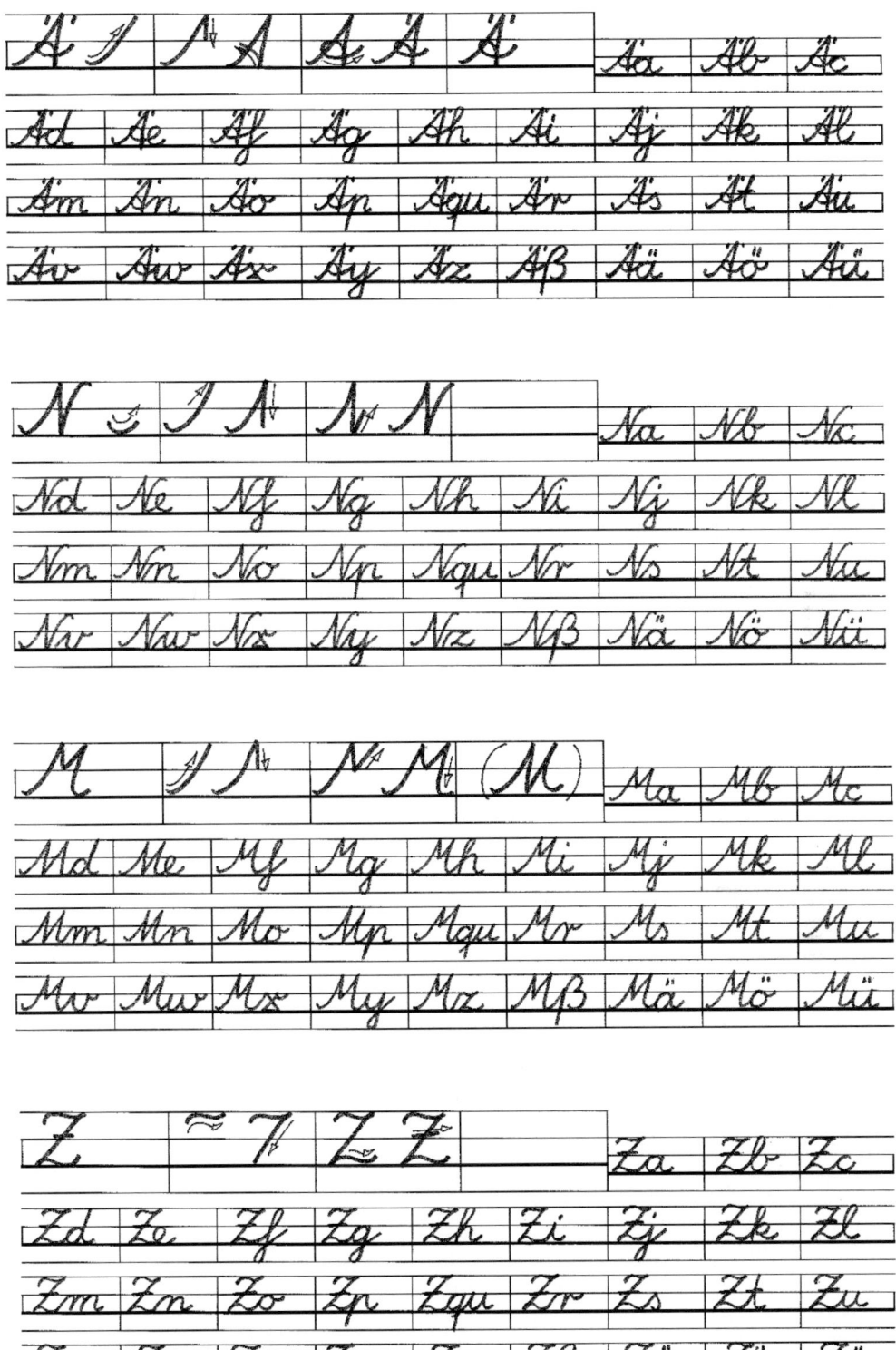

Ää Äb Äc
Äd Äe Äf Äg Äh Äi Äj Äk Äl
Äm Än Äo Äp Äqu Är Äs Ät Äu
Äv Äw Äx Äy Äz Äß Ää Äö Äü

Na Nb Nc
Nd Ne Nf Ng Nh Ni Nj Nk Nl
Nm Nn No Np Nqu Nr Ns Nt Nu
Nv Nw Nx Ny Nz Nß Nä Nö Nü

Ma Mb Mc
Md Me Mf Mg Mh Mi Mj Mk Ml
Mm Mn Mo Mp Mqu Mr Ms Mt Mu
Mv Mw Mx My Mz Mß Mä Mö Mü

Za Zb Zc
Zd Ze Zf Zg Zh Zi Zj Zk Zl
Zm Zn Zo Zp Zqu Zr Zs Zt Zu
Zv Zw Zx Zy Zz Zß Zä Zö Zü

L			P L L			La	Lb	Lc
Ld	Le	Lf	Lg	Lh	Li	Lj	Lk	Ll
Lm	Ln	Lo	Lp	Lqu	Lr	Ls	Lt	Lu
Lv	Lw	Lx	Ly	Lz	Lß	Lä	Lö	Lü

S			S			Sa	Sb	Sc
Sd	Se	Sf	Sg	Sh	Si	Sj	Sk	Sl
Sm	Sn	So	Sp	Squ	Sr	Ss	St	Su
Sv	Sw	Sx	Sy	Sz	Sß	Sä	Sö	Sü

X		X				Xa	Xb	Xc
Xd	Xe	Xf	Xg	Xh	Xi	Xj	Xk	Xl
Xm	Xn	Xo	Xp	Xqu	Xr	Xs	Xt	Xu
Xv	Xw	Xx	Xy	Xz	Xß	Xä	Xö	Xü

1	´	1							
2	⌐	7	2						
3	⌒	2	3						
4	/	∟	4						
5	´	┌	5	5					
6	(	⌂	6						
7	⁻	7	7						
8	⌐	S	δ	8					

9	⌐	o	9						
10	´	1	1C	10					
11									
12									
13									
14									
15									
+	ı	+		−		=		:	×

Die Autorin

Susanne Dorendorff ist bildende Künstlerin mit Schwerpunkt Handschrift und Schreibkunst. Ihr professionelles Know-how setzt sie für eine neue, intellektuelle Wahrnehmung der Handschriftkultur ein. Von ihr kommen entscheidende Impulse, die die Handschrift endlich angstfrei in das Bewusstsein der Kinder und positiv in den Fokus Erwachsener rückt. Susanne Dorendorff erforscht seit 1988 die Handschrift auch wissenschaftlich, hat didaktisch-methodisch neue, vielfach erprobte Curricula entwickelt und bildet Pädagogen im Schreibenlehren für die Vor- und Grundschule aus. Besonders ihr Engagement als Handschrift-Coach für Manager und Führungskräfte findet in den Medien große Beachtung. Auf die ausdrucksstarke Dorendorff-Handschrift wollen auch Verlage und Werbeagenturen nicht verzichten und setzen sie seit 1988 in anspruchsvollen inter- und nationalen Kampagnen ein. Sie ist Autorin mehrerer Sachbücher, Urheberin der ersten Schreiblehrmethode extra für Jungen, Urheberin der Handschriftästhetik ASIEA, Urheberin eines Stäbchenspiels zum Erlernen der richtigen Schreibstiftführung. Eine so umfangreiche Kennerschaft basiert natürlich auf langjähriger Erfahrung und auf fundierten Ausbildungen mit zielgerichteten Studien. Dorendorff studierte Graphic-Design, Typographie, Schriftentwicklung, Illustrations-Design, Kalligrafie und Malerei. Während der offiziellen Studienzeit widmete sie sich explizit dem Studium manueller europäischer Schreibtechniken, sowie dem Studium sino-japanischer Schriftzeichen und Schreibphilosophie. Sie ist also Expertin für Handschriftpädagogik, -wissenschaft und -kunst.

Susanne Dorendorff bei BoD – Books on Demand

Handschrift ante portas – schreiben macht glücklich – mit TIETUS
Das Buch vermittelt ein zeitgemäßes, global gültiges und wohltuend schlüssiges **Schreibverständnis**, das sowohl der Schulpolitik, als auch bei *privater Anwendung* von großem Nutzen ist. **Basis des Workbook-Teils** TIETUS, ist das **Buchstaben- versteh-Konzept,** das **besonders für Jungen geeignet** ist und seit über zehn Jahren erfolgreich eingesetzt wird.
ISBN 978-3-7528-0196-5

Schreibschrift Crash-Kurs für Schüler ab 4.Kl. & Gymnasium - **Handbuch [Work- book] 1 - Kleinbuchstaben**
ISBN 978-3-7528-8469-2
Schreibschrift Crash-Kurs für Schüler ab 4.Kl. & Gymnasium - **Handbuch [Work- book] 2 GROß*buchstaben**
ISBN 978-3-7528-8471-5

Dorendorffs Schreibschrift-Abc, mit **1.770** Verbindungen in 30 Abbildungen – für (fast) alle Weltsprachen
ISBN 978-3-7528-2910-5

Dorendorff's Alphabet of Latin Cursive Script - with **1.770** connections **in 30 Figu- res** for the acquisition of handwriting skills in (almost) all world languages
ISBN 978-3-7528-4667-6

Latin Cursive Script Crash-Course - Workbook 1 – Lowercase letters
with **1.770** connections for the acquisition of handwriting skills in (almost) all world languages + for children and adults +
 ISBN 978-3-7528-4765-9

Latin Cursive Script Crash-Course - Workbook 1 – Uppercase letters
with **1.770** connections for the acquisition of handwriting skills in (almost) all world languages + for children and adults + ISBN 978-3-7528-5420-6

Schreib' Kunst - *Berlin-Interpretationen*
ISBN 978-3-7528-0939-8
Schreib' Kunst [zwei] - *Die Möwe Jonathan –*
Illustrationen
ISBN 978-3-7528-0994-7

Rezension des Lehrbuchs

Handschrift ante portas – schreiben macht glücklich – mit TIETUS

Pflicht- und Genuss-Lektüre zugleich für alle Eltern, aber auch für Grundschullehrkräfte!

Susanne Dorendorff, seit Jahrzehnten eine, wenn nicht die anerkannte Expertin für Handschrift in Deutschland, zeigt in diesem Buch, das wie wenige vor ihm, ausschließlich der Handschrift gewidmet ist, wie verbreitet der furchterregende Mythos der Handschrift in Deutschland immer noch ist. Gleichzeitig macht Dorendorff jeder Leserin und jedem Leser Lust darauf, sich näher mit dem Thema Handschrift zu befassen, Schreiben könnte und sollte, so wird bei der vergnüglichen und spannenden Lektüre deutlich, Volkssport werden, da eigentlich jeder gerne schreibt.

Dabei arbeitet die Verfasserin so anschaulich wie überzeugend heraus, dass es – ganz anders als bei den Hobby-Schreibformen Kalligrafie und Handlettering - weder um den Erhalt eines „alten Kulturguts" noch um irgendwelches Schöngeschreibe geht. Es geht schlicht um die Fähigkeit, schreiben zu können – die in den deutschen Grundschulen nicht mehr vermittelt, aber in den weiterführenden Schulformen dennoch vorausgesetzt wird. Dabei geht es nicht nur um Kinder bzw. Schüler, sondern ebenso um Frauen und Männer jedes Alters und jedes Bildungsgrades. Denn: Inzwischen greift das Nicht-mehr-richtig-schreiben-Können auch bei den Mädchen und Frauen um sich, da in den Grundschulen nicht einmal mehr die richtige Stifthaltung gelehrt wird.

Es gibt, weil wir vor 500 Jahren die Kurve falsch genommen haben, sehr viel über das Schreiben und die Handschrift zu sagen, zu forschen und zu vermitteln. Wie spannend das Thema ist, wird anschaulich, wenn man dieses Buch von Susanne Dorendorff zur Hand nimmt und sich näher damit befasst. Eine der wichtigsten Erkenntnisse dabei ist, dass es tatsächlich möglich ist, Kindern und Erwachsenen zu helfen, Schreiben zu lernen, sogar mit viel Vergnügen!

Dr. Walter Scheuerl, Hamburg

Kopiervorlage

Kopiervorlage

Notizen